BOEKANALYSE

AF142009

En toen waren er nog maar

Agatha Christie

BOEKANALYSE

Geschreven door Elena Pinaud
Vertaald door Nikki Claes

En toen waren er nog maar

AGATHA CHRISTIE

AGATHA CHRISTIE

- **Geboren in Devon in 1890.**

- **Overleden in Oxford in 1976.**

- **Opmerkelijke werken:**

  - *Murder on the Orient Express* (1934), roman

  - *Dood op de Nijl* (1937), roman

  - *The Adventure of the Christmas Pudding and a Selection of Entrées* (1960), verhalenbundel.

Agatha Christie werd geboren in 1890. Zij was een Engelse auteur die vooral bekend is om haar reeks wereldberoemde detectiveverhalen. Ze schreef meer dan 60 romans (waaronder *The Murder of Roger Ackroyd*, 1926; *Murder on the Orient Express*, 1934; en *Death on the Nile*, 1937), verschillende toneelstukken (waaronder *The Mousetrap*, 1952), twee autobiografieën, en romans onder het pseudoniem Mary Westmacott. Sommige van de detectives in haar boeken, zoals Hercule Poirot en Miss Marple, zijn terugkerende personages.

Haar boeken onderscheiden zich door hun unieke stijl en bevatten verschillende herkenbare elementen, zoals het vermogen om het mysterie en de spanning tot het einde toe vast te houden, de spontaniteit, de humor en de verrassende eindes.

EN TOEN WAREN ER NOG MAAR

VAN EEN KINDERLIEDJE TOT EEN REEKS ANGSTAANJAGENDE MOORDEN...

- **Genre**: detectiveroman
- **Referentie-uitgave**: Christie, A. (2007) *And Then There Were None*. Masterpiece Ed. New York: Harper.
- **1e editie**: 1939
- **Thema's**: angst, moord, isolatie, schuld, onderzoek, optreden

And Then There Were None (1939) is een detectiveroman over een reeks macabere moorden die achter gesloten deuren plaatsvinden en waar de wet niets aan kan doen. De slachtoffers zijn voormalige verdachten die bij gebrek aan bewijs zijn vrijgelaten om hen te straffen voor hun misdaden. De mysterieuze, zenuwslopende sfeer, het ritme van de dialoog, het interactieve element (de lezer kan proberen de identiteit van de moordenaar te raden) en de strakke structuur van het verhaal blijven lezers van jong tot boeien.

SAMENVATTING

DE MYSTERIEUZE FAMILIE OWEN

Het verhaal speelt zich af in de jaren veertig, in Devon in het zuiden van Engeland. In het eerste hoofdstuk worden bijna alle personages van het boek op weg naar Soldateneiland geïntroduceerd: Mr Justice Wargrave, Vera Claythorn, Captain Philip Lombard, Miss Emily Brent, General Macarthur, Dr Armstrong, Anthony Marston en Mr Blore. Zij zijn allen te gast bij de heer en mevrouw Owen, de eigenaars van het eiland. Wanneer zij elkaar in de kleine haven ontmoeten, beseffen de gasten echter dat geen van hen de Owens of Soldier Island kent, dat van verre gezien "iets sinister heeft".

Het huis van de Owens is zeer modern en hun bedienden, de heer en mevrouw Rogers, geven de gasten een onberispelijke service. Ze geven echter ook toe dat ze de eigenaars niet kennen, die bovendien nergens op het eiland te vinden zijn. Vera, die in haar kamer een kinderrijmpje ontdekt over tien soldaten die de een na de ander verdwijnen, denkt dat het in verband staat met de naam van het eiland (Soldateneiland).

HET KINDERRIJMPJE *TIEN SOLDAATJES*

Tijdens het diner realiseren de acht gasten zich ten eerste dat in elk van hun kamers hetzelfde kinderrijmpje staat en ten tweede dat er tien soldatenbeeldjes op de eetkamertafel staan. Kort daarna beschuldigt een stem uit het niets alle mensen op het eiland ervan een misdaad te hebben begaan, waardoor iedereen in paniek raakt.

In werkelijkheid kwam de stem uit een grammofoon in een nabijgelegen kamer. De heer Rogers geeft dan toe dat hij van de Owens de opdracht kreeg om hem aan te zetten. Hij legt uit dat hij en zijn vrouw via een agentschap zijn ingehuurd door Ulick Norman Owen, die hen per post opdrachten stuurt. De gasten, die eerst verbaasd zijn, zijn vervolgens woedend over de beschuldigingen aan hun adres, en elk van hen probeert zich te verdedigen.

Rechter Wargrave stelt voor dat elke gast uitlegt waarom hij naar het eiland is gekomen en reageert op de beschuldigingen tegen hem: sommigen ontkennen hun misdaden volledig, anderen nemen aanstoot, terwijl anderen, zoals Lombard en Marston, hun schuld toegeven, ook al ontkennen ze alle verantwoordelijkheid. De rechter wijst er scherpzinnig op dat de initialen van het echtpaar dat hen hier heeft uitgenodigd klinken als het woord "onbekend" (Ulick Norman Owen en Una Nancy Owen, oftewel U. N. Owen). Hij komt tot de conclusie dat de persoon die hen de uitnodigingen heeft gestuurd "veel weet" en stelt onmiddellijk voor dat ze het eiland verlaten. De heer Rogers wijst echter op dat de enige manier om van Soldier Island af te komen de boot is die elke ochtend met voorraden komt.

DE EERSTE MOORDEN

De moorden beginnen die nacht: Anthony Marston drinkt een slok whisky en sterft. Dokter Armstrong analyseert het glas en concludeert dat de jongeman door vergif is gestorven.

Terwijl de dokter dit aan zelfmoord wijt, kan Vera zich niet aan de indruk onttrekken dat Anthony Marston net zo gestorven is als de eerste "soldaat" in het kinderrijmpje, die na het drinken stikte.

Dr. Armstrong wordt midden in de nacht door de heer Rogers gewekt om een andere moordscène te onderzoeken, ditmaal op mevrouw Rogers, en besluit te wachten tot het ontbijt klaar is om het nieuws aan de gasten bekend te maken.

Die ochtend komt de boot niet aan, en de gasten beginnen zich zorgen te maken, vooral omdat het weer een wending heeft genomen. Hun ongerustheid neemt nog toe wanneer Rogers ontdekt dat er nu slechts acht soldatenbeeldjes op de eetkamertafel staan. Lombard denkt dat iedereen op het eiland zich bezighoudt met "misdaden die niet bij de daders thuis kunnen worden gebracht" en dat Marston en mevrouw Rogers zijn vermoord door V.N. Owen, die ergens op het eiland moet zijn. Blore, Dr Armstrong en Lombard, gewapend met een pistool, besluiten het eiland te inspecteren. Maar nadat ze geen spoor van Owen op het eiland of in het huis hebben gevonden, beginnen de gasten elkaar te verdenken.

Tijdens het diner, nadat hij zich verontschuldigd heeft, wordt Macarthur dood aangetroffen, op het hoofd geslagen met een knuppel. Rechter Wargrave somt vervolgens de gebeurtenissen van de dag op en komt tot de onweerlegbare conclusie dat Owen een van de gasten moet zijn. Ze organiseren een soort onderzoek, waarbij ze de feiten van de dood van Marston en mevrouw Rogers en de reacties van elke gast op de moorden bij elkaar zoeken. De rechter concludeert dat ieder van hen een verdachte is. De crimineel bevindt zich onder hen: ze kunnen niemand vertrouwen.

De volgende ochtend wordt de heer Roberts dood aangetroffen, zijn hoofd opengesneden met een hakmes. Er staan nu nog maar zes beeldjes op de eetkamertafel, wat de gasten er niet van weerhoudt hun dag voort te zetten.

Na het ontbijt hoort juffrouw Brent, alleen in de eetkamer, het gezoem van een bij en voelt een steek in haar nek. Ze wordt dood aangetroffen door de andere gasten. Armstrong, de enige gast die een spuit heeft, wordt gefouilleerd, maar de spuit zit niet meer in zijn koffer. Daarom besluit de rechter elk van de vijf overlevenden te onderzoeken en het medicijn van Armstrong en de revolver van Lombard, die ook verdwenen is, op een veilige plaats op te bergen. Blore vindt uiteindelijk de injectiespuit, die uit het raam van de eetkamer is gegooid, bij het vijfde beeldje.

Vera, alleen in haar kamer, schrikt van wat zeewier dat aan het plafond hangt en dat ze aanziet voor een hand die haar komt wurgen. Gealarmeerd door haar schreeuw snellen de overlevenden, met uitzondering van de rechter, haar te hulp. Nadat ze er zeker van zijn dat Vera niet in gevaar is, gaan ze terug naar de eetkamer en ontdekken daar het lichaam van Wargrave, zittend in een leunstoel, in een scharlakenrode mantel (het rode gordijn in de badkamer was verdwenen) en een geïmproviseerde rechterpruik. Armstrong merkt op dat hij gedood werd door een kogel in het hoofd.

Die nacht hoort Blore voetstappen in de gang en ziet een silhouet het huis verlaten. Hij wekt de anderen en ziet dat Armstrong ook verdwenen is. Blore en Lombard gaan op zoek naar hem, maar komen met lege handen terug. Ondertussen is er nog een beeldje van de eetkamertafel verdwenen.

DE PERFECTE MISDAAD

De volgende ochtend staan de drie overlevenden op scherp. Vera denkt dat Armstrong hen in de val heeft gelokt door zijn verdwijning in scène te zetten, aangezien in het kinderrijmpje sprake is van een "rode haring". Alle drie verlaten dan het huis om de dokter te gaan zoeken. Blore gaat terug naar het huis om te eten, waar hij dood wordt aangetroffen door Lombard en Vera, zijn hoofd verbrijzeld door een klok.

Geschokt door deze moord verbergen de twee overlevenden zich bij de kliffen, waar ze het verdronken lichaam van Armstrong aantreffen. Terwijl ze het lichaam uit het water halen, ziet Vera haar kans schoon en glipt Lombards pistool uit zijn zak. Ze doodt hem, ervan overtuigd dat ze geen gevaar meer loopt als ze eenmaal alleen op het eiland is.

Wanneer ze terugkeert naar het huis, merkt ze dat er nog drie beeldjes op de eetkamertafel staan. Ze gooit er twee weg en houdt de laatste. Dan gaat ze naar haar kamer, waar ze een touw aan het plafond vindt hangen en een stoel eronder. Geestelijk uitgeput besluit ze zich op te hangen.

Wanneer de lichamen worden ontdekt, wordt een onderzoek ingesteld om de dader te vinden. Twee inspecteurs van Scotland Yard, Thomas Legge en Maine, bespreken de tien lichamen die zijn ontdekt op Soldier Island, dat door een man genaamd Isaac Morris (een mysterieus personage, dat onder verdachte omstandigheden stierf vlak voordat de tien personages op het eiland aankwamen) was gekocht voor Owen. Uit hun onderzoek blijkt dat alle gasten betrokken waren bij misdaden, maar allen werden vrijgesproken wegens gebrek aan bewijs. Ze denken dat de crimineel een van de personages moet zijn die op het eiland zijn vermoord. Maine puzzelt de tijdlijn van de moorden in elkaar door de dagboeken van de gasten te lezen. Hij concludeert dat er na de dood van Vera nog een overlevende op het eiland moet zijn geweest om de stoel waarmee de schooljuffrouw zich heeft opgehangen weg te zetten. Hij kan echter nog steeds niet achterhalen wie de misdadiger is.

Het laatste hoofdstuk is de schriftelijke bekentenis van Wargrave. Het blijkt dat hij de crimineel van het eiland is; hij heeft zijn dood in scène gezet om alle verdenking te vermijden. Hij bekent zijn misdaden in een brief die hij ondertekent en in een fles in zee gooit. Als de politie de brief ooit vindt, is de misdaad opgelost; zo niet, dan zal de zaak voor altijd een mysterie blijven. Hij legt uit dat hij, nadat hij ontdekte dat hij aan een dodelijke ziekte leed en omdat hij toch al aan het eind van zijn carrière was, besloot om als "kunstenaar in de misdaad" de perfecte moord te plegen, die niemand ooit zal kunnen oplossen. Hij ontdekte de geheimen van zijn toekomstige slachtoffers via geruchten en nodigde hen vervolgens uit op Soldier Island, dat hij eerder had gekocht met de hulp van Isaac Morris, die hij vervolgens vergiftigde. Isaac Morris is dus het tiende slachtoffer, aangezien Wargrave zelfmoord pleegt in de overtuiging dat hij volkomen onschuldig is.

De brief wordt uiteindelijk ontdekt door de kapitein van de vistrawler *Emma Jane* en naar Scotland Yard gestuurd.

KARAKTERSTUDIE

MR JUSTICE WARGRAVE

Wargrave, het personage dat de roman opent en sluit, is een voormalig rechter met een geduchte reputatie in de wereld van justitie, bijgenaamd "de hangende rechter" vanwege zijn starheid. Dr. Armstrong herinnert zich dat hij "grote macht had bij een jury – men zei dat hij elke dag van de week voor hen kon beslissen".

Hij werpt zich op als opperrechter van het eiland en manipuleert de andere personages als marionetten. Naast zijn talent als meedogenloze rechter heeft Wargrave nog vele andere kwaliteiten:

- Hij is een scherpzinnig psycholoog en kan de acties van zijn volgende slachtoffers voorspellen. Daarom stuurt hij elk van hen een valse uitnodiging, goed genoeg geschreven om hen voor de gek te houden en naar het eiland te lokken.

- Hij is intelligent, organiseert en leidt een onderzoek als een echte politieman.

- Hij is ook een getalenteerd acteur (hij verbergt zijn echte emoties uitstekend) en regisseur (hij wil "iets theatraals, onmogelijk!").

- Hij had een detectiveschrijver kunnen zijn en gelooft dat hij een "ongeneeslijk romantische verbeelding" heeft.

Kortom, hij is de perfecte crimineel ("Het was mijn ambitie om een moordmysterie uit te vinden dat niemand kon oplossen"). Wargrave is daarom een complex personage:

- De jonge Wargrave was een wrede tiener, die ervan hield insecten te martelen en te doden, waarbij hij zowel immens plezier als onverbiddelijke wroeging voelde.

- De volwassen Wargrave is een man met veel zelfvertrouwen, gedreven door een bijzonder rechtvaardigheidsgevoel. Hierdoor "gaat hij zichzelf zien als almachtig, als in het bezit van de macht van leven en dood". Hij vertrouwt op zijn instincten en is in staat schuld op te sporen, waarbij hij zich erop beroemt dat hij dankzij deze hoge mate van waarneming nog nooit een juridische fout heeft begaan. Deze waanzin en dit zelfvertrouwen in zichzelf waren al opgemerkt door een van zijn collega's, die hem beschrijft als "een of andere fanaticus met een bij zijn muts rechtvaardigheid".

- Hij is ook zeer ambitieus en wil zijn leven beëindigen "in een vlaag van opwinding". "Ik zou leven voordat ik stierf", zegt hij.

In zekere zin lijkt hij een soort moderne Satan: almachtig in zijn "hel" (Soldateneiland), met zijn slachtoffers aan zijn genade overgeleverd. Hij vermoordt zijn gasten in een vooraf bepaalde volgorde; degenen die volgens hem minder schuldig zijn, worden eerst gedood, terwijl de schuldigsten voor het einde worden bewaard. Hij voert zijn misdaad op een ingenieuze manier uit: hij doodt zichzelf met Lombards revolver met behulp van een systeem van koorden en een zakdoek, om de onderzoekers te laten denken dat hij werkelijk door een kogel door het hoofd is gedood, zoals de gasten in hun dagboeken schrijven.

VERA CLAYTHORNE

De jonge Vera Claythorne is een voormalige gouvernante, spelmeesteres en persoonlijke secretaresse tijdens de schoolvakanties. Ze begaat een liefdesmisdaad: ze doet alsof ze Cyril, het kind waarvan ze gouvernante was, probeert te redden van de verdrinkingsdood, zodat haar minnaar Hugo, de oom van Cyril, het familiefortuin kan erven en met haar kan trouwen. Zij ontkent echter alle verantwoordelijkheid en beweert alles te hebben gedaan om het kind te redden.

Zij is zeer intelligent en heeft vrij snel de betekenis van het kinderrijmpje over de tien soldaten door. Zij is degene die het langst op de dood moet wachten, want zij is het laatste slachtoffer van de rechter: zij hangt zichzelf op, uitgeput door angst, wroeging en wanhoop, volledig gemanipuleerd door Wargrave. Volgens Wargrave's logica is zij dus degene die de zwaarste misdaad heeft begaan. Bovendien heeft ze een zeer logische geest, probeert ze kalm en rationeel te denken, en wantrouwt ze alle andere gasten op het eiland.

KAPITEIN PHILIP LOMBARD

Lombard, een voormalige berooide zeeman, erkent dat hij een groep inboorlingen heeft achtergelaten om in Afrika te sterven, hoewel hij zijn daad rechtvaardigt met het feit dat "zelfbehoud de eerste plicht van een man is". Hoewel hij op het eiland aanwezig is voor een niet nader omschreven opdracht, wordt hij meegesleurd in het bloedige verhaal van het eiland zonder te weten dat hij in de val zit, hoewel hij gewend is aan verdachte handelingen: "in Lombards verleden was legaliteit niet altijd een sine qua non geweest".

Aangezien hij de een na laatste is die sterft, beschouwt Wargrave zijn misdaad duidelijk als zeer ernstig. Dankzij zijn avontuurlijke geest en alles wat hij heeft meegemaakt, wordt hij echter niet overmand door angst, zoals de anderen. Hij is de enige die door puur geluk de identiteit en motivatie van de dader weet te raden, voordat de rechter hem op het verkeerde been zet met zijn in scène gezette moord.

JUFFROUW EMILY BRENT

Juffrouw Emily Brent is een ongetrouwde vrouw die door haar familie uiterst militair en religieus is opgevoed. Ze is erg zeker van zichzelf en aarzelt niet om de andere gasten te veroordelen. Ze is niet bang voor de dood, omdat ze gelooft dat ze een onberispelijk leven heeft geleid. Ze gelooft oprecht dat ze niet schuldig is aan de misdaad waarvan ze werd beschuldigd: ze ontsloeg een bediende die zwanger was geraakt, en het pleegde uiteindelijk zelfmoord. Zij is het vijfde personage dat sterft.

GENERAAL MACARTHUR

Deze voormalige soldaat is de derde die sterft. Net als bij de meeste andere personages zijn herinneringen te zwaar om te dragen; ze wegen op zijn geweten en zijn schuldgevoel wordt steeds sterker. Zijn onschuld is slechts een façade. Zijn misdaad is dat hij tijdens de Eerste Wereldoorlog (1914-1918) een jonge officier op een verkenningsmissie heeft gestuurd, hoewel hij zich terdege bewust was van het risico, en de jon-geman gedood. De generaal wilde eigenlijk wraak: hij stuurde de officier op de missie als straf voor het slapen met zijn vrouw.

Hij heeft niet genoeg innerlijke kracht om zijn angsten te ver-bergen zoals de anderen. Daardoor vindt hij uiteindelijk rust op het moment dat hij beseft dat hij op het eiland zal sterven: de dood betekent het einde van zijn kwelling.

DR ARMSTRONG

Armstrong is een gerespecteerde arts met een briljante carri-ère. Hij wordt echter gekweld door de herinnering aan een vrouw stierf na een operatie die hij uitvoerde toen hij dron-ken was.

Hij is goedgelovig en naïef. Daardoor manipuleert Wargrave hem gemakkelijk tot zijn handlanger om de "zelfmoord" van de oude rechter in scène te zetten. Wanneer Wargrave's lichaam wordt ontdekt, is Armstrong inderdaad de enige die het vermeende lijk benadert. Deze strategie was door Wargrave bedacht zodat hij kon doen alsof hij dood was en zijn misdaden zonder verdere verdenking kon voortzetten. De dokter helpt hem echter gewillig, in de overtuiging dat hij zo de andere gasten beter kan observeren en de moordenaar kan ontmaskeren, die zich volgens hem uiteindelijk zal ver-gissen. Zodra de dokter hem echter niet meer van nut is, ver-moordt de rechter hem. Om zich van hem te ontdoen, zet Wargrave een valstrik: bewerend dat hij de moordenaar op heterdaad wil betrappen, overtuigt hij de arts om hem te ontmoeten bij de kliffen aan zee. Wargrave gebruikt deze kans om hem midden in de nacht in de oceaan te duwen.

ANTHONY MARSTON

Deze "zes voet goed geproportioneerd lichaam" is Wargrave's eerste slachtoffer. Volgens de rechter is hij een amorele jongeman, zonder geweten, verantwoordelijkheidsgevoel of goede opvoeding. Hij blijft inderdaad ontkennen verantwoordelijk te zijn voor het auto-ongeluk dat de dood van twee kinderen veroorzaakte, die volgens hem plotseling voor zijn auto uitliepen.

MR BLORE

De heer Blore, een corrupte voormalige politieman, wordt door Wargrave onwaardig geacht om in de wereld van justitie te werken. Blore heeft namelijk valselijk getuigd tegen een gewapende overvaller, door hem ervan te beschuldigen een bewaker van een bank te hebben vermoord. De crimineel stierf in de gevangenis. Blore had smeergeld aangenomen om meineed te plegen. Wargrave vindt dit een ernstige misdaad en besluit Blore als straf te doden.

DE HEER EN MEVROUW ROGERS

Hoewel zij slechts de bedienden zijn in het huis op Soldateneiland, is dit echtpaar niet geheel moreel onberispelijk: zij werkten voor een rijke weduwe die op een stormachtige nacht ziek werd. De heer Rogers beweert dat hij niets voor de oude vrouw kon doen, en zij stierf voordat hij met de dokter arriveerde. Het echtpaar erfde daardoor een mooie som geld.

Wargrave meent echter dat de heer Rogers schuldig is aan de dood van zijn voormalige werkgever en reserveert hem daarom een gewelddadig einde, terwijl mevrouw Rogers, die onder invloed van haar man heeft gehandeld en al door wroeging is geteisterd, in haar slaap sterft.

ANALYSE

GEEN DOORSNEE DETECTIVE ROMAN

And Then There Were None is in meerdere opzichten een ongewone detectiveroman. Hoewel de premisse eenvoudig is (tien mensen, zonder enig aanwijsbaar verband, samengebracht in een afgesloten ruimte), wordt het verhaal aanzienlijk complexer naarmate meer details worden onthuld (de beschuldigingen van gepleegde misdaden, de herinneringen en vervolgens het berouw van de personages tonen aan dat deze mensen er niet toevallig zijn). Christie speelt met de codes van de detectiveroman om een verhaal te construeren dat de lezer volledig uit zijn evenwicht brengt:

• De moordenaar en de onderzoeker zijn één en dezelfde persoon: Justice Wargrave. Hij onderzoekt de misdaden die hij heeft gepleegd en wordt zo wetshandhaver en misdadiger tegelijk. Wargrave alleen al illustreert het ambivalente karakter van het verhaal. Omdat er geen onderzoeker is, in de ware zin van het woord, wordt de lezer bovendien in de steek gelaten, omdat hij zich niet kan identificeren met het personage en via zijn aanwijzingen inzicht krijgt in de misdaad.

• De auteur "speelt vals" en houdt de lezer voor de gek. Ze laat ons bijvoorbeeld midden in het verhaal geloven dat de dader is vermoord om ons op een dwaalspoor te brengen (net nadat ze ons de oplossing van het mysterie heeft gegeven via Lombard, die de identiteit van de dader volkomen willekeurig raadt). Het gevolg is dat de vele mogelijke aanwijzingen de lezer alleen maar verder in verwarring brengen.

- Er is nog een vraag die net zo belangrijk is als de identiteit van de moordenaar in *And Then There Were None*, een vraag die vrij zeldzaam is in detectiveromans: wie wordt het volgende slachtoffer?

And Then There Were None is een atypische detectiveroman, omdat er in dit boek geen misdaadbestrijdende personages voorkomen. Wargrave, die zowel de onderzoeker als de moordenaar is, kan nauwelijks als wetshandhaver worden beschouwd. Hij staat ver af van traditionele speurders als Hercule Poirot, een van Christie's personages, of Sherlock Holmes, Arthur Conan Doyle's (Britse schrijver, 1859-1930) beroemdste personage. Het is minder een detectiveroman en meer een misdaadroman, die zichzelf verteert naarmate de slachtoffers beginnen te verdwijnen. Zodra de laatste 'Soldaat' in het kinderrijmpje haar laatste adem uitblaast, eindigt het verhaal.

 ## DE WHODUNIT

De whodunit is een verkorte versie van "wie [heeft] het gedaan", en wordt gebruikt om detectiveromans te beschrijven waarin de lezer een mysterie krijgt voorgeschoteld dat hij moet oplossen. In een thriller daarentegen staat het mysterie (als dat er al is) niet centraal en ligt de nadruk op de gebeurtenissen en de reacties van de personages. Bijgevolg is de whodunit, het meest emblematische type detectiveroman, een mysterieboek waarin de personages (en de lezer)

de identiteit van de moordenaar proberen te raden. De oplossing van het mysterie is de sleutel tot de plot, en gedurende het hele verhaal worden aanwijzingen voor de lezer achtergelaten. Het is bijna een spel, in die zin dat het erom gaat de dader te ontmaskeren voordat de hoofdpersoon doet. Dit genre was zeer populair in de Angelsaksische literatuur aan het begin van de 20e eeuw.

HET KINDERRIJMPJE
EN DE *MISE EN ABYME*

Het kinderrijmpje *Ten Little Soldier Boys is* oorspronkelijk een Amerikaans kinderliedje uit de 19e eeuw. Het speelt een vitale rol in de roman: het is centrale thema van het verhaal en dus een vorm van *mise en abyme*. Het kinderrijmpje voorspelt het lot van elk van de personages die op Soldateneiland worden uitgenodigd. De tien soldatenbeeldjes worden gebruikt om de eliminatie van de gasten te markeren en de overlevenden onder druk te zetten.

Het verhaaltje in het kinderrijmpje weerspiegelt de plot van *And There Were None*, want elk personage wordt gedood volgens het kinderliedje: het eerste slachtoffer wordt vergiftigd; het tweede wordt gedood in zijn slaap; het derde sterft "in Devon"; Het vierde wordt gedood door een bijl, toen hij op het punt stond hout te hakken; het vijfde wordt "geprikt"; het zesde "sterft in de rechtbank" (verwijzend naar de schijndood van de rechter); het zevende verdrinkt (de "rode haring"); het achtste wordt geraakt door een klok in de vorm van een beer; het negende wordt gedood door een kogel (hij wordt "opgefokt"); en het tiende hangt zichzelf op.

Bovendien is een kinderrijmpje een liedje dat kinderen zingen om te bepalen wie uit het spel ligt of achter de anderen aan moet rennen. Door deze willekeurige eliminatie kan Wargrave zijn slachtoffers doden, net als in een spel: "het rijmpje van de tien soldaatjes [...] had als kind van twee gefascineerd – de onverbiddelijke vermindering – het gevoel van onvermijdelijkheid".

EEN SCHIJNBARE LICHTZINNIGHEID

De roman heeft daarom een zeker kinderlijk aspect dat de lelijkheid van de gebeurtenissen verhult en het verhaal een zekere frivoliteit geeft. Het kinderrijmpje is duidelijk het meest voor de hand liggende element. Maar ook zonder dat is er een zeer tastbaar speels element in de roman. De moordenaar speelt immers met zijn slachtoffers. Hij laat hen aanwijzingen achter over het lot dat hen wacht en speelt mee door zich voor te doen als potentieel slachtoffer. De lezer neemt ook deel aan dit spel, want we worden aangemoedigd om te proberen de draden van de plot te ontrafelen om het mysterie op te lossen. De bekentenis van rechter Wargrave aan het eind van de roman is als de oplossing van een spel, dat de vermoedens van de lezer bevestigt of tegenspreekt. Ook de bekentenis van Wargrave is een spel. Gedreven door zijn grootheidswaanzin is hij er zeker van dat niemand het mysterie ooit zal kunnen oplossen. Deze bekentenis is daarom zijn trofee en stelt hem in staat de verantwoordelijkheid voor het raadsel op zich te nemen.

Naast het morbide verstoppertje spelen met de slachtoffers, de lezer en de politie, blijkt de frivoliteit van de roman ook uit de afwezigheid van morele overwegingen. De verteller oordeelt nooit over de personages, ook al worden ze allemaal van moord beschuldigd. Paradoxaal genoeg is de enige garantie voor enige vorm van moraliteit de moordenaar zelf, aangezien hij degene is die mensen straft terwijl hij zelf misdaden pleegt.

Humor en ironie zijn zeer sterk aanwezig in de roman, en dragen bij tot de constructie van deze schijnbare lichtzinnigheid door de gebeurtenissen te verlichten. Neem bijvoorbeeld de laatste woorden van Antony Marston, als hij drinkt op de gezondheid van de moordenaar vlak voor hij aan gif sterft. Deze schijnbaar zorgeloze houding, in contrast met de alomtegenwoordigheid van de dood en de verschijning van een soort waanzin die de overlevenden in zijn greep houdt, versterkt de donkere toon van de roman.

And Then There Were None is een tekst die zowel een roman als een spel is. Het onderzoekt het bedrog van de mens en presenteert een soort ambivalentie die het mogelijk maakt een zeer duister verhaal te verkennen. Er is geen moreel sentiment in de roman: de overlevenden rouwen niet om de doden; ze maken deel uit van een wreed spel waarin ze allemaal concurrenten zijn. De lezer neemt zelf deel aan dit spel dat de tragedie die zich op het eiland afspeelt verbergt.

GERECHTIGHEID EN STRAF

Justitie Wargrave's motief voor het plegen van zijn misdaden is gerechtigheid. Lombard ontdekt de oplossing van het mysterie zonder het te beseffen: hij legt uit dat de rechter, als gevolg van zijn positie, verstrikt kan zijn geraakt in grootheidswaanzin en grootheidswaanzin, waardoor hij zelf bepaalt wat rechtvaardig is en niet. De moordenaar vindt dat zijn slachtoffers langs de radar van justitie zijn geglipt en heeft besloten zelf de beul te worden. Maar is dit wel een kwestie van rechtvaardigheid?

- Wargrave lijkt meer uit wraak handelen dan uit rechtvaardigheid. Zijn redenering mist pijnlijk veel rechtvaardigheid. Zijn slachtoffers krijgen niet de kans om hun onschuld te bewijzen, en hun straf wordt opgelegd door de rechter, die tevens beul en onderzoeker is. Het is een parodie op rechtvaardigheid, waarin de rechter nooit iets anders is dan tegen de beklaagden.

- De rechter past niet de rechtvaardigheid van de wet toe, maar zijn eigen soort rechtvaardigheid. Hij bepaalt willekeurig welke misdaden het minst ernstig zijn en doodt degenen die ze hebben gepleegd het eerst om de psychologische marteling te vermijden die degenen wacht die in zijn ogen ernstigere misdaden hebben gepleegd. Ook moet worden opgemerkt dat de laatste persoon die sterft de rechter zelf is, omdat hij de gruwelijkste misdaad van alle slachtoffers heeft begaan, ook al beschrijft hij zichzelf als een onschuldige rechtvaardiger van onrecht.

- De slachtoffers zijn ook schuldig. Elke hoofdpersoon is schuldig aan een dodelijke misdaad. Bijgevolg is geen van hen volledig onschuldig: de personages zijn de slachtoffers van Wargrave, omdat ze allemaal schuldig zijn aan een of andere misdaad. Het eiland herbergt dus een groep moordenaars en slachtoffers. Dit keert het gevoel van empathie om dat we normaal voelen voor het onschuldige slachtoffer. Deze ambivalentie tussen schuld en onschuld maakt het voor de lezer moeilijker om de dader te vinden (ze moeten de moordenaar vinden temidden van tien moordenaars) en geeft de gebeurtenissen ook een boventoon van straf, zonder dat de moraliteit van de daden van elk personage ooit in twijfel wordt getrokken.

Als er al sprake is van rechtvaardigheid in *And Then There Were None*, dan is het een extreme, overdreven versie ervan, meer als onderdrukking dan als rechtvaardigheid. Het begrip rechtvaardigheid is ook niet erg duidelijk in de roman. Wargrave's bekentenis laat een zekere mate van twijfel bestaan over zijn werkelijke bedoelingen. Is gerechtigheid werkelijk het motief, of is het slechts een voorwendsel? De rechter heeft het zowel over het bestraffen van misdaden die aan het recht zijn ontsnapt, als over het slagen van de perfecte misdaad. Hij is de bewaker van een door hemzelf verzonnen moraal en bepaalt dus de grenzen ervan.

ANGST EN VREES

Wargrave's superioriteit ligt in het feit dat hij weet wat er gaat gebeuren. Hij wekt op sadistische wijze een staat van angst op bij de anderen, die niets weten over hun gastheer of wat er met hen gebeurt. Voor Mr Rogers, "dat is wat hem zo bang maakt. Om geen idee te hebben". Na de eerste moorden gaat de angst over angst, waardoor de personages zich geleidelijk aan bij hun lot neerleggen of fatales fouten maken (denk aan Armstrong, die Wargrave blindelings vertrouwt, of Vera die, ervan overtuigd dat Lombard de moordenaar is, hem doodt om haar eigen voortbestaan veilig te stellen).

Daar komt dan nog het schuldgevoel bij, waar Wargrave op inspeelt. Bovendien is dit gevoel voor sommigen zo overweldigend dat ze uiteindelijk toegeven dat ze schuldig zijn (wat generaal Macarthur, Lombard en Blore overkomt). Elk van hen heeft zijn redenen om te vrezen voor een doodvonnis, uitgesproken door een onzichtbare, onbekende rechter. De kracht van de roman ligt in deze psychologische, uiterst gewelddadige marteling die echter schuilgaat onder een schijn van lichtzinnigheid: de personages weten dat ze veroordeeld zijn voor wandaden uit het verleden waar ze geen vat meer op hebben. Vervolgens worden ze geconfronteerd met een vreselijk wachten: ze weten dat ze veroordeeld zijn zonder te weten wanneer, hoe en zelfs door wiens hand de dood zal komen aankloppen.

ANGST EN VREES

Angst is "een toestand van onbehagen of spanning veroorzaakt door vrees voor mogelijk toekomstig ongeluk, gevaar". Angst is "een gevoel van nood, bezorgdheid of alarm veroorzaakt door dreigend gevaar, pijn" (*Collins English Dictionary*).

EEN GESLOTEN CIRKEL MYSTERIE

De personages in het verhaal zitten allemaal op het eiland, een plek waar ze niet uit kunnen ontsnappen. De slachtoffer-daders zijn dus afgesloten van de wereld en zitten opgesloten in een kooi, met verschillende "niveaus" van barrières die in elkaar passen als een Russische pop.

- Het huis is de eerste kooi. Het lijkt een toevluchtsoord. Het is een modern, volledig ingericht huis, dat in eerste instantie niets bijzonders lijkt te zijn. Tijdens de storm is het zelfs een barricade tegen de elementen. De deuren van de slaapkamers kunnen op slot, wat de slachtoffers de illusie van veiligheid geeft. In de loop van het verhaal verandert het huis echter in een gevangenis, waardoor de slachtoffers op dezelfde plaats worden opgesloten als hun moordenaar. Het huis kan dus niet langer een plaats van veiligheid zijn wanneer duidelijk wordt dat het gevaar niet buiten is.

• Het eiland zelf is een afgesloten ruimte, een kooi die een andere gevangenis bevat: het huis. Het is een openluchtgevangenis, maar heeft paradoxaal genoeg geen uitgang. Er is een onomkeerbare dimensie aan deze plek, in die zin dat mensen er wel in kunnen, maar er niet uit kunnen. Het eiland is ook een plaats van afhankelijkheid: men kan er niet zonder hulp ontsnappen. Het is een plaats die gehuld is in mysterie en vol legenden, wat het een bijna fantastisch aspect geeft: het eiland is dus letterlijk en figuurlijk van de wereld afgesneden.

• De storm die hulp verhindert, is het derde niveau van de gevangenschap van de personages. Het is een meteorologisch obstakel dat de personages dwingt zich op te sluiten in het huis, dat van een toevluchtsoord in een fatales val verandert. De toestand van de zee is het laatste obstakel voor alle hoop op ontsnapping.

Symbolisch gezien doet het thema van de afgesloten ruimte denken aan de gevangenis en het vagevuur, een plaats waar slachtoffers wachten op hun oordeel en straf. De personages moeten elkaar dus wel wantrouwen, want juist de onschuld ontbreekt in het verhaal. Het eiland is een afgesloten plek waaruit de dood de enige ontsnapping is.

VERDERE REFLECTIE

ENKELE VRAGEN OM OVER NA TE DENKEN...

- Christie's romans staan bekend om hun humor. Zoek enkele 'humoristische' scènes in de roman.

- Lees een ander boek van Christie en vergelijk de twee. Hoe zijn ze vergelijkbaar?

- Stel een zaak op voor de vervolging of verdediging van elk van de personages.

- Onderzoek de techniek van *mise en abyme* en leg uit waarom deze term van toepassing is op het boek.

- Wat is/zijn de rol(len) van het kinderrijmpje? Hoe draagt dit bij aan de spanning?

- Hoe zou u dit boek aanpassen aan de huidige tijd, rekening houdend met de technologische vooruitgang?

- Kan men zeggen dat Wargrave de perfecte misdaad heeft begaan? Verklaar uw standpunt.

- Vindt u dat Wargrave recht heeft gesproken? Verdedig uw mening.

- Op welke manier kan gezegd worden dat *And Then There Were None* een detectiveroman is?

- *And Then There Were None* is wat men noemt een "gesloten kamer mysterie". Definieer deze term en geef ten minste twee voorbeelden van romans die aan dit genre beantwoorden.

VERDER LEZEN

REFERENTIE-UITGAVE

Christie, A. (2007) *And Then There Were None*. Masterpiece Ed. New York: Harper.

REFERENTIESTUDIES

Berek, C. (2015) *Mystery Novels: De Sherlock Holmes van de* genreanalyse *worden*. [Online]. [Accessed 30 March 2017]. Beschikbaar via: < http://isuwriting.com/wp-content/uploads/2015/12/Berek-Caitlin-GWRJ6.1.pdf>

Rouvinen, N. (2016) *Constructing Masculinity in Agatha Christie's Novel "And Then There Were None."* MA. Universiteit van Oost-Finland. [Online]. [Accessed 30 March 2017]. Beschikbaar via: < http://epublications.uef.fi/pub/urn_nbn_fi_uef-20160666/urn_nbn_fi_uef-20160666.pdf>

AANPASSINGEN

And Then There Were None. (1974) [film]. Peter Collinson, dir. Italië, Duitsland, Frankrijk, Spanje, Verenigd Koninkrijk: Corona Filmproduktion, Talía Films, COMECI.

François Rivière en Frank Leclercq. *And Then There Were None*. (2009) [graphic novel].

And Then There Were None. (1974) [miniserie]. Craig Viveiros, dir. Verenigd Koninkrijk: Mammoth Screen, Agatha Christie Productions, Acorn Productions, A&E Networks.

*We horen graag van jou! Laat
een reactie achter op jouw online bibliotheek
en deel je favoriete boeken op social media!*

Waarom kiezen voor Must Read?

Kom alles te weten over een boek
met onze beknopte en diepgaande
samenvattingen en analyses!

**Ontdek het beste uit de literatuur
in een compleet nieuw licht!**

De uitgever garandeert de betrouwbaarheid van de gepubliceerde informatie, die echter niet onder zijn verantwoordelijkheid valt.

www.50minutes.com

Master ISBN: 9782808688031
Papier ISBN: 9782808699433
Wettelijk depot: D/2023/12603/1223

Omslag: © Primento

Digitaal ontwerp: Primento, de digitale partner van uitgevers.